Edited by
ROBERT CASADESUS
(as recorded by Gaby Casadesus)

RAVEL
Jeux d' Eau
(for Piano)

Ed. 3508

GREAT PERFORMER'S EDITION

ISBN 978-0-7935-7304-2

G. SCHIRMER, Inc.

DISTRIBUTED BY
HAL•LEONARD®
CORPORATION
7777 W. BLUEMOUND RD. P.O. BOX 13819 MILWAUKEE, WI 53213

INTRODUCTION

Jeux d'Eau, composed in 1901, was Ravel's first important piano composition. This work brought together a new pianistic technique and daring impressionistic harmonies. It is a marvelous blend of bitonality, pentatonicism and impression- `ism. Ravel wanted the piece played with a crystal-clear, bubbling touch, with not too much freedom in the rhythm, emphasizing the lively, sparkling quality of water. The music was inspired by an epigram of Henri de Réynier, as reflected in the suggestion of joyful sensuality which is present in the music.

INTRODUCTION

Jeux d'Eau, composé en 1901 par Ravel, est sa première composition im- portante pour le piano. Cette œuvre unit une nouvelle technique pianistique à des harmonies impressionistes et audacieuses. C'est un merveilleux mélange de bitonalité, de pentatonicisme, et d'impressionisme. Ravel voulait que cette œuvre soit jouée d'une façon claire et crystalline, sans trop de liberté prise avec le rythme, avec l'accent sur la qualité vivace et claire de l'eau. La musique a été inspirée par une épigramme d'Henri de Réynier, reflétant la suggestion de sensualité joyeuse présente dans cette œuvre.

—Gaby Casadesus

Robert Casadesus (1899-1972) was among the foremost pianists and musicians of his time. Born in Paris, Casadesus came from an outstanding family of musicians. He studied exclusively at the Paris Conservatory, where he distinguished himself in the fields of piano, harmony, and chamber music.

His concert career began when he was seventeen, and he soon acquired a world-wide reputation. In 1935, Casadesus made his debut at Carnegie Hall, with the New York Philharmonic, under Toscanini. He played more than one hundred times with the New York Philharmonic, as well as in recitals, and with noted orchestras in all the music capitals of the world. Although best known as a virtuoso, Casadesus composed more than 60 works in a variety of genres throughout his career.

It was during 1923 that Ravel heard Casadesus perform *Gaspard de la Nuit* in the theater of the Vieux Colombier in Paris, and he was greatly impressed. This first meeting was followed by many others at Monfort l'Amaury and in Paris. Thus, Casadesus put the finishing touches to the recital he was preparing with the invaluable guidance of the composer.

For the first time, Paris was going to hear a recital entirely devoted to Ravel. It took place in the Salle Pleyel, rue de Rochechouart, on June 7, 1924, in the presence of Ravel himself, who had written to Casadesus some days previously:

"My dear friend, I have no worries (nor should you) about your interpretation; however, should you consider it useful, I can pass by your house on Wednesday around 11:30, although I do not think that will really please you on the day of the concert. Until Wednesday evening (perhaps also that morning). Best wishes, Maurice Ravel."

Almost immediately after this recital, Ravel asked Casadesus to come to London to record for the Aeolian Company, which specialized in the production of cylinder pianola rolls. A solid and mutually rewarding relationship developed between Ravel and Casadesus. Between 1924 and 1927, in Spain, England, France, and Belgium, Casadesus was giving concerts of Ravel's music with the composer.

In 1938, Robert Casadesus gave the first American performance of the Ravel *Concerto for the left hand* in Carnegie Hall, with the New York Philharmonic. It was such a tremendous success that Casadesus performed it 178 times, throughout the world.

Casadesus recorded the complete Ravel piano works for C.B.S. Records, for which he received the "Grand Prix du Disque" of the Academie Charles Cros in Paris, in 1955.

Robert Casadesus (1899-1972) était l'un des plus éminents pianistes et musiciens de notre temps. Né à Paris, Casadesus venait d'une famille unique de musiciens. Il a fait toutes ses études musicales au Conservatoire National de Paris, où il s'est distingué dans les domaines du piano, de l'harmonie et de la musique de chambre.

Il a commencé à donner des concerts à l'âge de 17 ans, et a vite acquis une réputation mondiale. En 1935, Casadesus a fait ses débuts à Carnegie Hall, avec l'orchestre de la New York Philharmonic, sous Toscanini. Il a joué plus de cent fois avec le New York Philharmonic, aussi bien qu'en récitals, et avec des orchestres de grande distinction dans toutes les capitales internationales. Bien que mieux connu comme virtuose, Robert Casadesus a composé plus de 60 opus pendant sa carrière, dont plusieurs symphonies, concerti, quatuors à cordes et œuvres pour piano.

C'était en 1923 que Ravel a entendu Casadesus jouer *Gaspard de la Nuit* au Théâtre du Vieux Colombier à Paris, et il a félicité le pianiste de son interprétation. Cette première rencontre a été suivi de bien d'autres à Monfort l'Amaury et à Paris. Casadesus a pu ainsi mettre au point le récital qu'il préparait, avec les inestimables conseils de l'auteur.

Pour la première fois, Paris allait entendre un récital entièrement consacré à Ravel. Il a eu lieu Salle Pleyel, rue de Rochechouart, le 7 juin, 1924, en présence de Ravel qui lui a écrit quelques jours avant:

> "Cher ami, je n'ai aucune inquiétude (vous non plus) sur votre interprétation, si vous le croyez utile, je peux passer chez vous mercredi vers 11h30 mais je ne pense pas que le jour du concert cela vous amuse beaucoup. A mercredi soir (peut-être aussi au matin). Bien cordialement à vous. Maurice Ravel."

Presque aussitôt après ce récital, Ravel demanda à Casadesus de venir enregistrer à Londres pour la Maison Aeolian, qui se specialisait dans la production de rouleaux de pianola. Une solide amitié se développa entre Ravel et Casadesus. Entre 1924 et 1927, en Espagne, en Angleterre, en France et en Belgique ils donnerent ensemble plusieurs concerts entièrement consacres a la musique de Ravel.

En 1938, Robert Casadesus donnait la première audition du *Concerto pour la main gauche* de Ravel à Carnegie Hall, avec le New York Philharmonic. Le succès en fut inimaginable—178 exécutions par Casadesus de ce concerto suivirent dans le monde entier.

La maison de disque C.B.S. à New York décida de lui faire enregistrer l'œuvre pianistique de Ravel, pour laquelle Casadesus reçu en 1955, le grand prix du disque de l'Academie Charles Cros à Paris.

NOTES

Page 3, measure 5. The l.h. should lightly bring out the melodic line starting on G♯. Decrescendo until the return of the theme. The r.h. must play the scale above it evenly and clearly.

page 4, measure 5. The crescendo must not be too heavy. The arpeggio should give the effect of moving water.

page 5, measure 1. The l.h. should bring out the theme in the same tempo with a soft, clear sound.

page 6, measure 2. Without slowing down, Ravel wanted a small ritenuto before returning to the a tempo. The l.h. plays the theme in a bell-like manner.

page 7, measure 4. Here Ravel does not want one to rush. Take time to softly bring out the charming r.h. melody.

page 8, measure 4. *Mf* is loud enough here. Gradual crescendo and accelerando until the *fff* on the long tremolo and fermata followed by a glissando (p. 9, m. 4).

page 10, measure 1. Same tempo as the beginning.

page 11, measure 4. Light crescendo and decrescendo. In m.5 hold the pedal for the l.h. accents on G♯. The r.h. makes a small rallentando.

page 12, measure 1. The exact tempo of the beginning, almost with the same color; pedal the G♯ in the bass.

page 12, measure 6. Very, very soft and very fast, using the two pedals. The cadenza continues until p.13, m.3 with important crescendos and great decrescendos until the rallentando. The two last measures (p.13) are a little slower than at the beginning. The l.h. should sound like a bell, ending very softly.

page 14, measures 1-2. Ravel wants this to be played very expressivo and slowly, with deep feeling until the C natural which becomes B♯. Here, there should be a long fermata, and after the vibration of the B♯ play the arpeggio figures lightly and return to the beginning tempo until the end.

page 14, measure 6. When the music is written on three lines, it is most important to pedal the chords of the left hand; softly bring out the melody until p.15. Hold the pedal on the chords (as on p. 14). Do not forget the r.h. accents. Play the last chord very pianissimo and hold the two pedals until the very end of the piece; play the arpeggio figuration and the left hand melody very softly, lingering lovingly on the vibrations.

G.C.

NOTES

Page 3, mesure 5. Faire ressortir délicatement la mélodie à la m.g. a partir du sol dièse. Decrescendo jusqu'à la reprise du thème. La m.d. doit faire la gamme très également et clairement.

page 4, mesure 5. Le crescendo ne doit pas être trop important. L'arpège doit réaliser un effet d'eau.

page 5, mesure 1. La m.g. doit faire ressortir le thème dans le même tempo avec un son clair et doux.

page 6, mesure 2. Sans ralentir, Ravel désirait seulement un très léger ritenuto avant le retour à la tempo. La m.g. joué le thème avec un effet de cloche.

page 7, mesure 4. Ici Ravel ne voulait pas qu'on presse. Il faut prendre le temps de faire ressortir doucement la mélodie à la m.d.

page 8, mesure 4. *Mf* est suffisant ici. Le crescendo et accélérando doivent venir graduellement jusqu'au *fff* du long trémolo et du point d'orgue suivi d'un glissando (p.9, m.4).

page 10, mesure 1. Même tempo qu'au début.

page 11, mesure 4. Léger crescendo et decrescendo. Dans la m.5 garder la pédale pour les accents à la m.g. sur les sol dièses; la m.d. fait un léger rallentando.

page 12, mesure 1. Même tempo qu'au début, presqu'avec la même couleur; bien mettre la pédale sur les sol dièses de la m.g.

page 12, mesure 6. Très, très doux et très rapide; en utilisant les deux pédales. La cadence continue jusqu'à la page 13, m.3 avec des crescendo importants et des grands decrescendo jusqu'au rallentando. Les deux dernières mesures sont un peu plus lentes qu'au début (p. 13). La m.g. doit sonner comme une cloche en terminant très doucement.

page 14, mesure 1-2. Ravel voulait que ces mesures soient jouées expressives et assez lentes avec beaucoup d'émotion jusqu'au do naturel *très* accentué qui devient un si dièse. Après un long point d'orgue sur le si dièse, jouer les arpèges très légèrement et reprendre le tempo du début jusqu'à la fin.

page 14, mesure 6. A la sixième mesure écrite sur trois lignes, il est très important de mettre la pédale sur les accords de la m.g. faire ressortir doucement la mélodie jusqu'à la p.15. Garder la pédale sur les accords (comme p.14). Ne pas oublier les accents à la m.d. Jouer le dernier accord très piano et garder les 2 pédales jusqu'à la fin du morceau, en jouant arpèges et la mélodie à la m.g. très doucement dans une atmosphère poétique.

G.C.

Jeux d' Eau

à mon cher Maître Gabriel Fauré

Jeux d'Eau

Dieu fluvial riant de l'eau qui le chatouille.
(The river god laughs at the caressing water.)
Henri de Régner

Maurice Ravel
(1875-1937)

All the pedal and finger nuances were from comments which I found in my husband's scores.

L'indication des pédales et des doigtés de certaines nuances se trouve sur les partitions de mon mari.

† *See NOTES, p. vi.*
† *Référez aux NOTES, p. vii.*

48414c

4

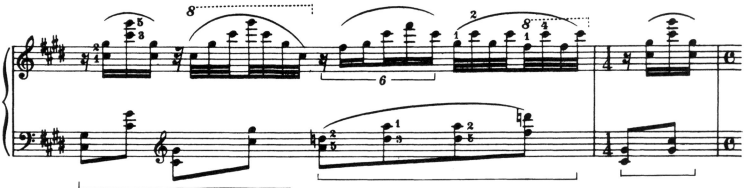

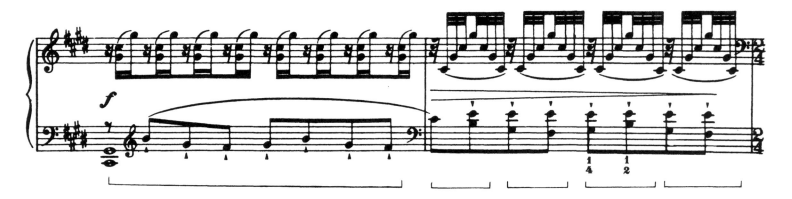

† *See NOTES, p. vi.*

‡ *Référez aux NOTES, p. vii.*

48414

en dehors la m.g. (bring out the l.h.)

tre corde

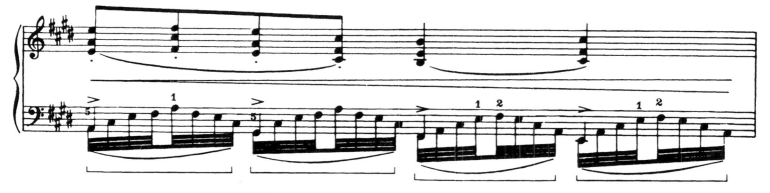

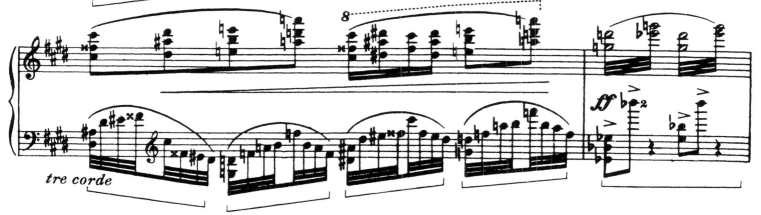

tre corde

† *See NOTES, p. vi.*

† *Référez aux NOTES, p. vii.*

rit.

a tempo

revenir au 1ᵉ tempo (return to first tempo)*

pp

u.c.

l.h.

8

p

tre corde

✻

† See NOTES, p. vi.
† Référez aux NOTES, p. vii.

*demandé par Ravel (Ravel's request)

la mélodie en dehors (bring out the melody)

† *See NOTES, p. vi.*
† *Référez aux NOTES, p. vii.*

† See NOTES, p. vi.
† Référez aux NOTES, p. vii.

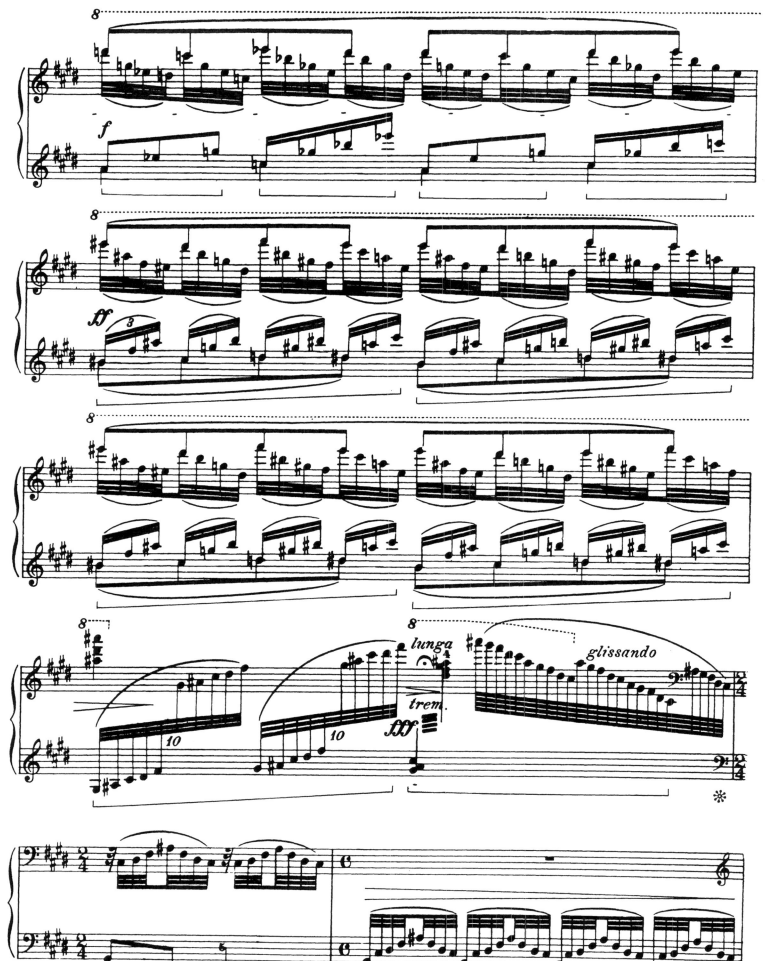

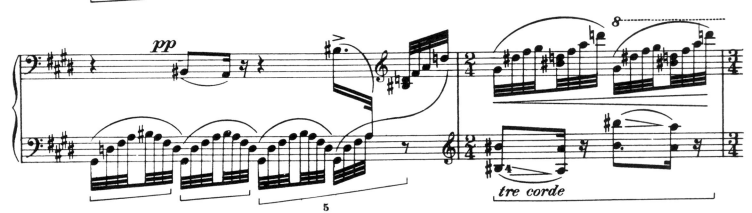

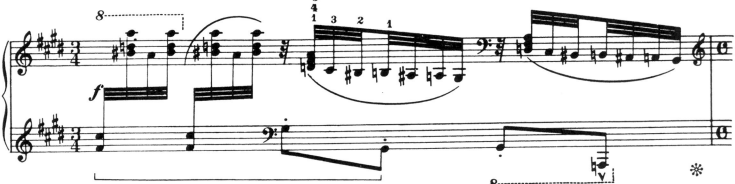

† *See NOTES, p. vi.*

† *Référez aux NOTES, p. vii.*

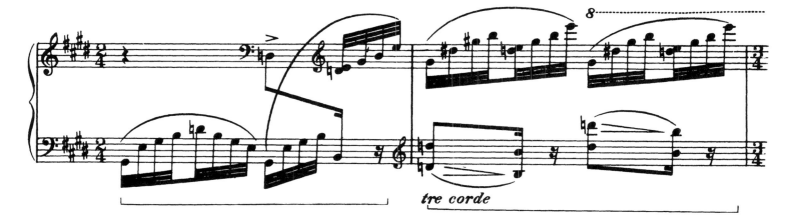

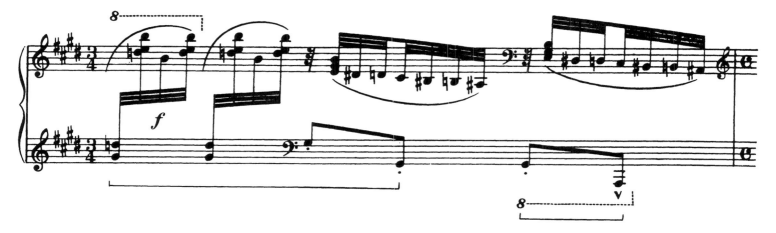

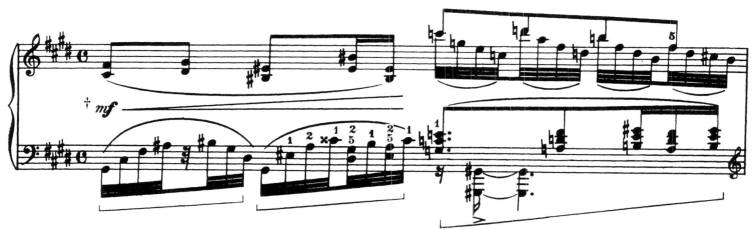

† *See NOTES, p. vi.*
† *Référez aux NOTES, p. vii.*

Tempo I

† *See NOTES, p. vi.*

† *Référez aux NOTES, p. vii.*

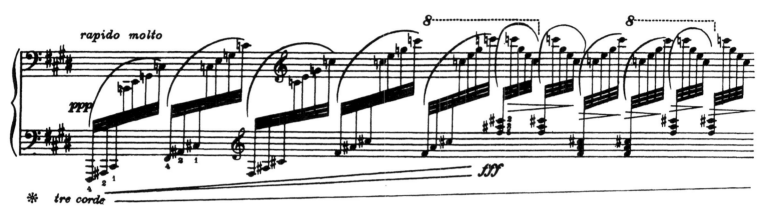

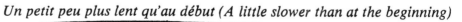

Un petit peu plus lent qu'au début (A little slower than at the beginning)

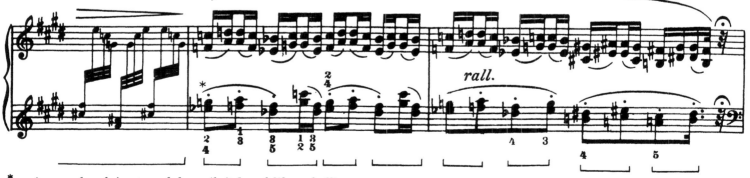

*main gauche clair et en dehors (left hand like a bell)

48414

† Lento

14

très espressif
(very expressively)

revenir au l^e tempo (return to the first tempo)*

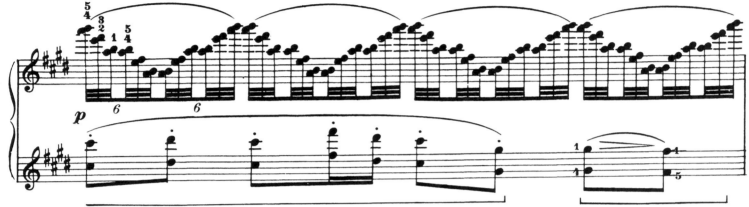

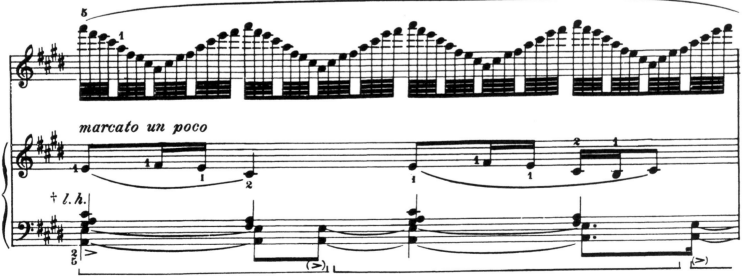

† *See NOTES, p. vi.*
† *Référez aux NOTES, p. vii.*

**demandé par Ravel (Ravel's request)*

48414

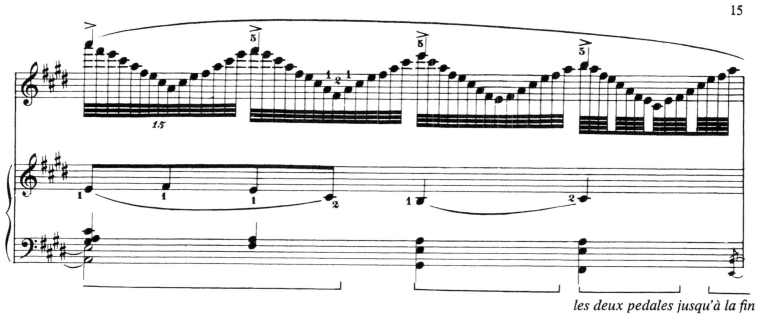

les deux pedales jusqu'à la fin
(u.c. pedal to the end)

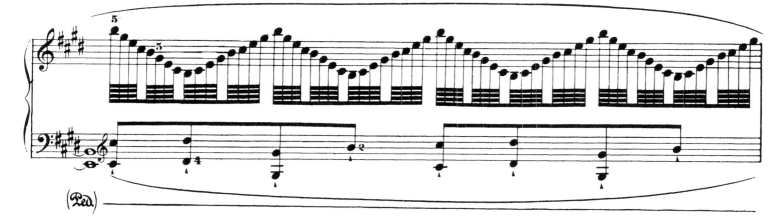

(Ped.)

(Ped.)

(Ped.)